Filosofia para crianças

De criança para crianças

Era uma vez!

Deus que ti pague!

História para colorir!

Por: Bernardo Octaviano Pereira

Este livro pertence a:

____

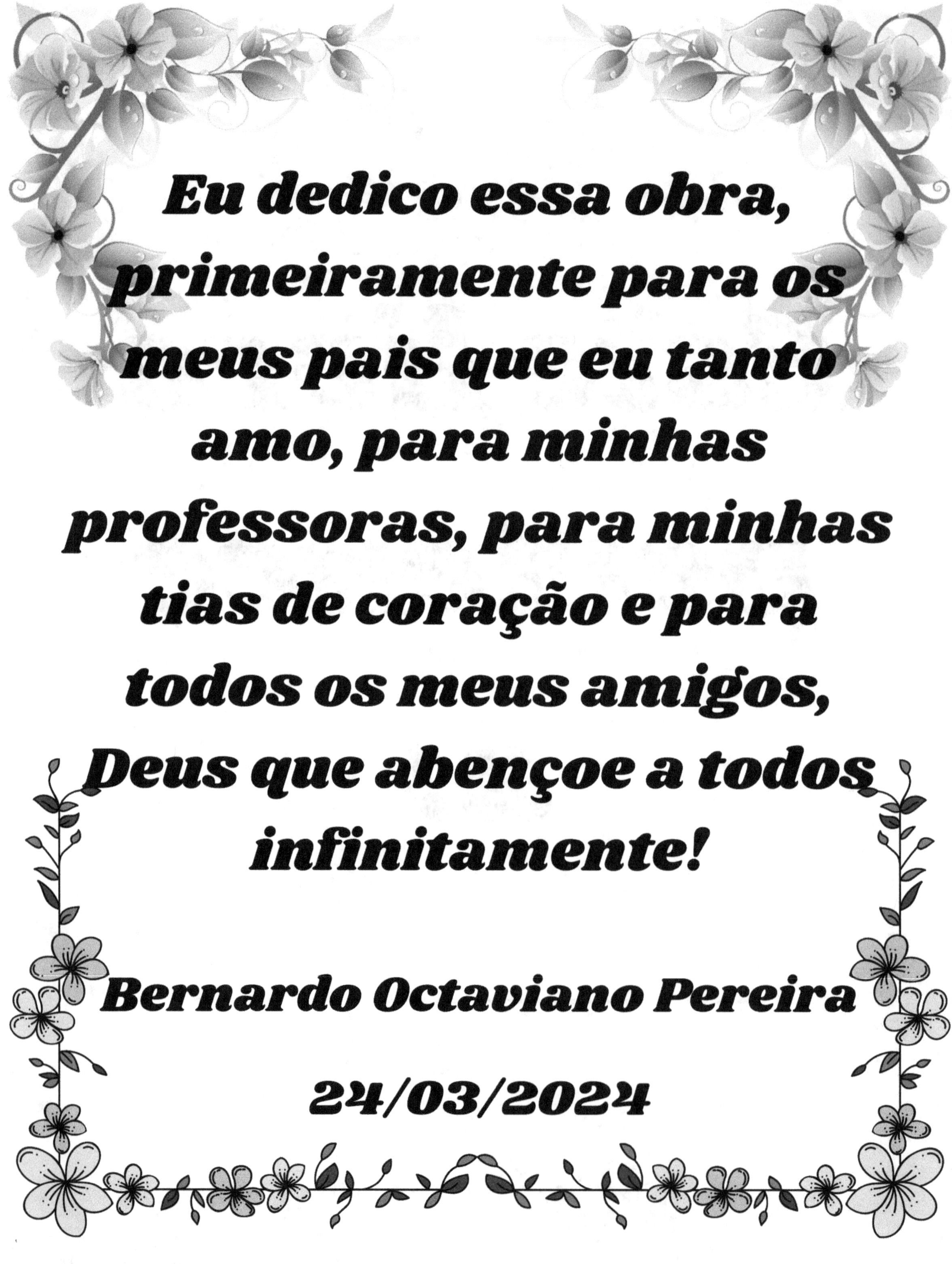

Eu dedico essa obra, primeiramente para os meus pais que eu tanto amo, para minhas professoras, para minhas tias de coração e para todos os meus amigos, Deus que abençoe a todos infinitamente!

Bernardo Octaviano Pereira

24/03/2024

Em uma pequena cidade, não muito distante daqui, um homem bateu à porta de uma casa em busca de um copo d'água.

O dono da casa, conhecido por sua avareza, cedendo à insistência do visitante que estava sedento, lhe deu um copo com água

Depois de beber a água, o visitante agradeceu com um simples "Deus que ti pague". No entanto, o dono da casa, com um sorriso zombeteiro,

respondeu que Deus já estava sobrecarregado de dívidas, pois todos que deviam algo, costumavam atribuir a conta ao nome de Deus.

O visitante ficou surpreso com a falta de respeito do homem para com as palavras sagradas. Ele tentou explicar que aquelas palavras

não deveriam ser usadas levianamente pois eram muito pesadas, mas o dono da casa decidiu testar o peso das palavras na balança.

Então, ele escreveu "Deus te pague" em um pedaço de papel e o colocou em um prato da balança, enquanto no outro prato ele colocou um peso.

Para sua surpresa, o prato com o papel inclinou-se para baixo, indicando que as palavras tinham um peso significativo.

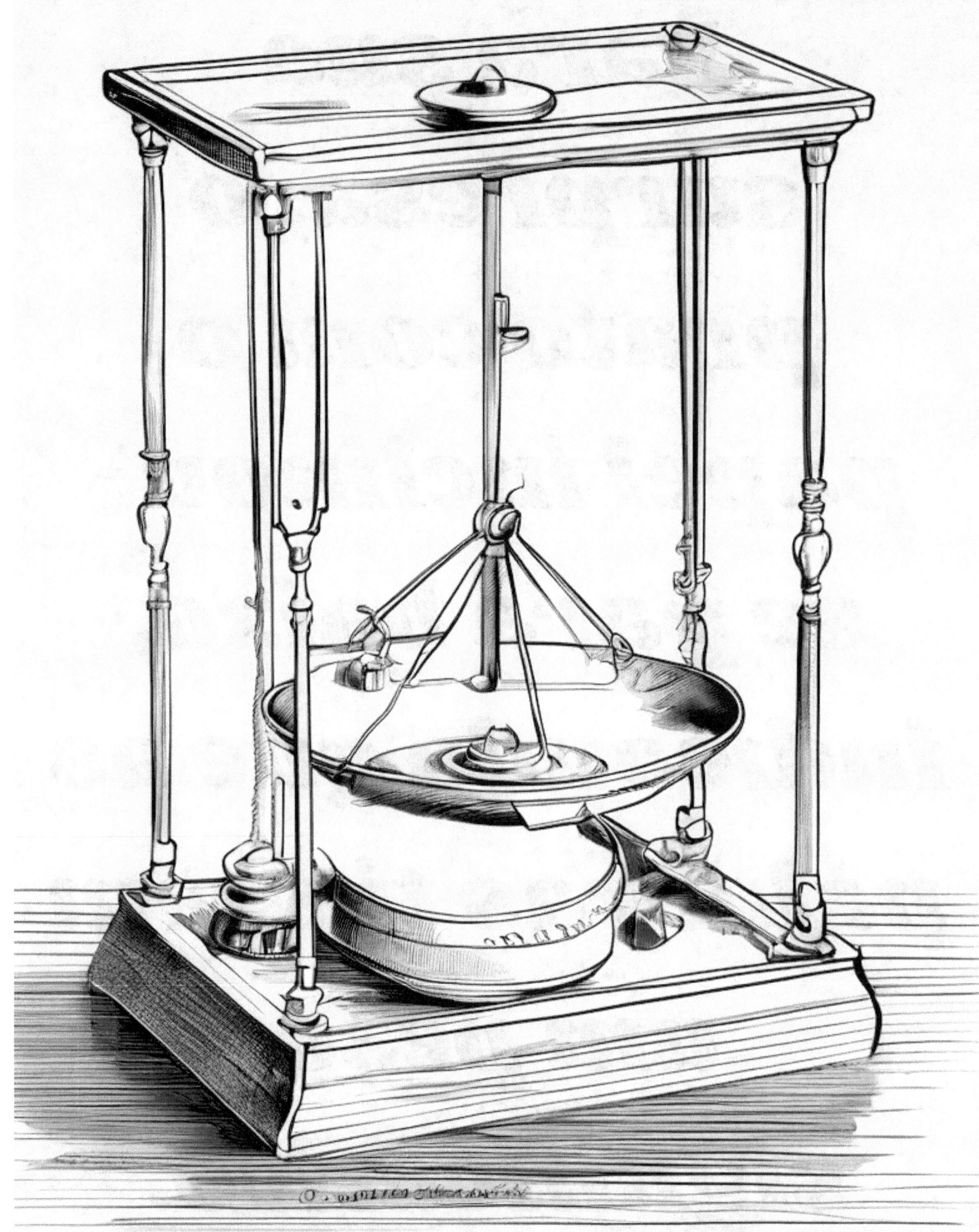

O homem, determinado a provar seu ponto, adicionou mais pesos ao prato oposto, mas a balança permaneceu inabalável.

Por mais que ele tentasse, o papel com as palavras sagradas permanecia mais pesado do que todos os pesos combinados.

Finalmente, o dono da casa, com lágrimas nos olhos, percebeu o verdadeiro significado por trás daquele simples agradecimento.

Ele se desculpou sinceramente pelo seu comportamento insensato e prometeu nunca mais duvidar do poder das palavras do "papai do céu".

Desde então, ele aprendeu a valorizar cada palavra que saía da boca dos mais humildes, especialmente aquelas que carregavam o peso da gratidão e da fé.

E assim, ele passou a viver uma vida mais generosa e compassiva, sempre consciente do poder das palavras e da importância de honrar o divino em suas ações e pensamentos.

Fim!

www.ingramcontent.com/pod-product-compliance
Lightning Source LLC
Chambersburg PA
CBHW081540250726
48659CB00009B/3018